CAHIER
D'EXERCICES
POUR

Maman débutante

Nathalie Jomard

À vous trois, mes précieux, mes inestimables (et mes parfois furieux) trésors.

ISBN 978-2-7540-6741-6
Dépôt légal : décembre 2014
Imprimé en France par Pollina - L70419
Édition : Audrey Bernard
Mise en page intérieur et couverture : Hokus Pokus Créations
Illustrations de couverture et intérieur : Nathalie Jomard

Éditions First, un département d'Édi8,
12, avenue d'Italie
75013 Paris
Tél : 01 44 16 09 00
Fax : 01 44 16 09 01
e-mail : firstinfo@efirst.com
www.editionsfirst.fr - www.grund.fr

NOM DE LA FUTURE **MAMAN** : ....

NOM DU FUTUR **PAPA** : ....

ARRIVÉE DU **BÉBÉ** (PRÉVUE) LE : ....

Chère jeune maman

Parce que nous nous doutons bien que vous êtes la meilleure maman du monde.

Parce que nous sommes persuadés qu'avant de livrer votre petite merveille à la postérité de l'humanité, vous vous êtes déjà copieusement documentée sur tous les aspects de la maternité et que vous avez amassé une somme de connaissances équivalente à un doctorat en Gestion de Moutard Appliquée.

Parce que nous pensons que vous avez le sens de l'humour.

Parce que nous savons qu'entre la tétée de 6 heures et la couche-à-caca de 18 heures, vous apprécierez un moment de détente et de rire.

Pour toutes ces raisons et bien d'autres encore, nous avons conçu pour vous ce cahier d'exercices dans l'unique but de vous divertir et de vous permettre d'aborder cette nouvelle aventure avec le décalage salutaire de l'humour.

Nathalie Jomard

Préalable incontournable pour devenir maman : **avoir un enfant.** Partons du postulat que vous maîtrisez les techniques de fabrication et épargnons-nous de fastidieuses dissertations sur la vie sexuelle des abeilles et autres hyménoptères pour nous concentrer sur la question essentielle :

Êtes-vous prête pour avoir un enfant ?

Test préliminaire

1 Pour moi, un enfant, c'est :

- ☐ a) Salissant
- ☐ b) Le fruit de l'amour
- ☐ c) Pas pratique pour aller draguer en boîte

2 Mon enfant, je le chérirai comme :

- ☐ a) Ma Carte Bleue
- ☐ b) Le plus précieux des trésors de mon cœur
- ☐ c) Le slip authentique de Justin Bieber que j'ai acheté sur ebay.fr

3 Pour mon enfant, je serai prête à tous les sacrifices, comme :

- ☐ a) Rater les soldes le jour de son anniversaire
- ☐ b) Lui donner mon rein, mon cœur, mon foie, ma vie…
- ☐ c) Rater le générique de *Plus belle la vie*, le temps de faire chauffer son biberon

4 Enceinte, je serai :

- ☐ a) Grosse
- ☐ b) Heureuse et épanouie
- ☐ c) Chez ma mère

5 Pour moi, donner la vie, c'est :

- ☐ a) Douloureux
- ☐ b) La plus belle expérience au monde
- ☐ c) Le boulot de la cigogne

6 Un enfant a besoin :

- ☐ a) De jolis vêtements pour bien frimer au square
- ☐ b) D'amour, d'attention et de patience
- ☐ c) De manger

Réponses :

- **Vous avez une majorité de a :** *Vous êtes prête pour les soldes chez Zara.*
- **Vous avez une majorité de b :** *Vous êtes tellement prête pour avoir un enfant, qu'on se demande si vous n'aviez pas une antisèche.*
- **Vous avez une majorité de c :** *Vous êtes surtout prête pour avoir un petit frère ou une petite sœur.*

Alors ?...

Vous voici enfin dans votre salle de bain, fébrile et curieuse, la demi-fesse impatiente posée sur le bord de la baignoire à attendre le verdict du test-pipi. Afin de vous divertir le temps que le super calculateur hormonal rende son verdict, voici une occupation saine et apaisante.

Coloriez les cases ci-dessous selon le code suivant :

1 - Rose
2 - Blanc
3 - Beige
4 - Vert

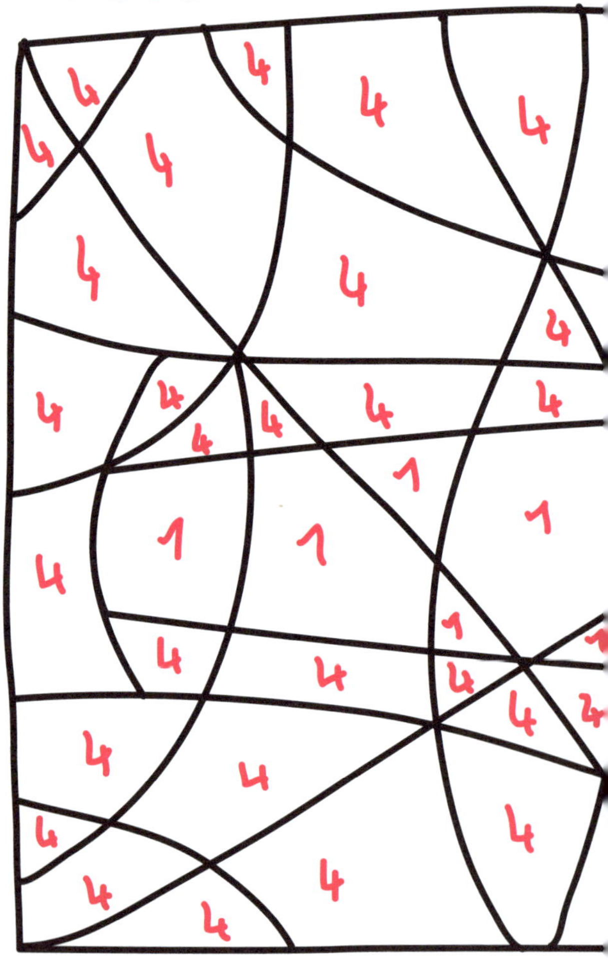

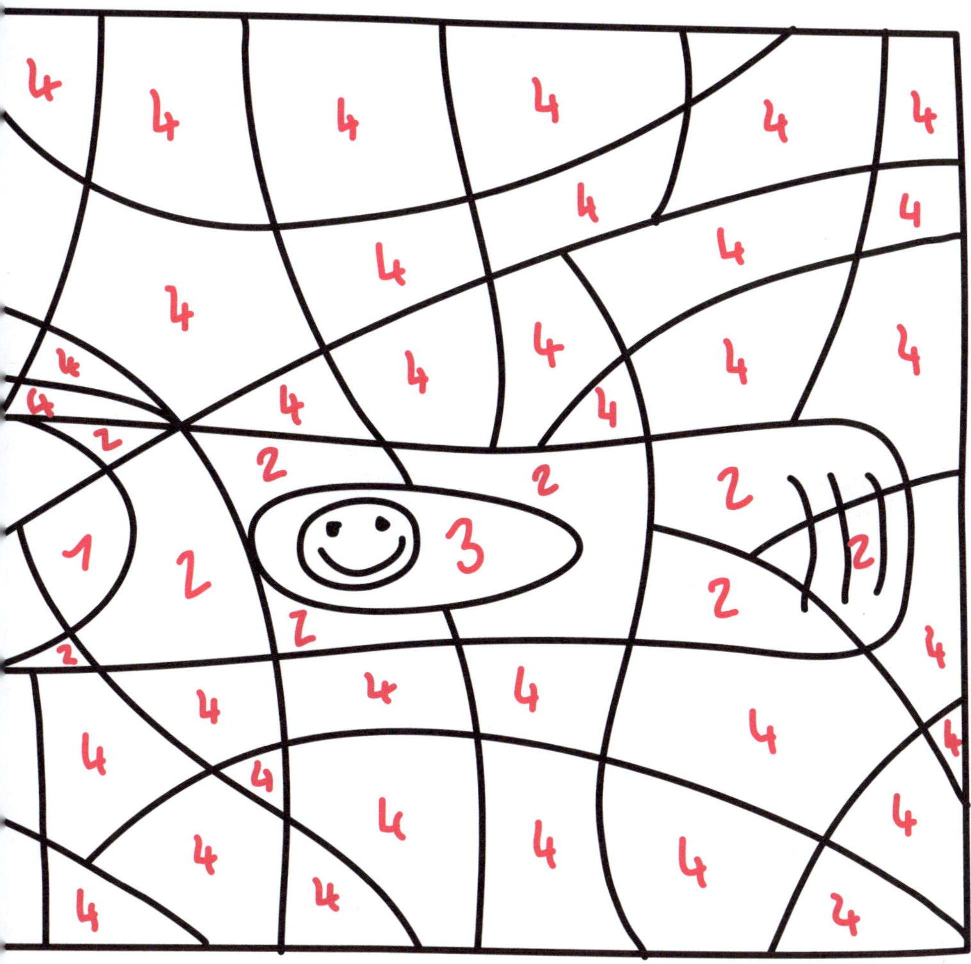

Si vous vous retrouvez avec un dessin de pelle à tarte dans un pot de confiture... Recommencez !

Le Quizotron

Maintenant que vous abordez vaillamment, la nausée au bord des lèvres et les hormones en effervescence, les rivages inconnus de la grossesse, penchons-nous un instant sur vos connaissances en la matière.

1 Que veut dire semaine d'aménorrhée ?

- ☐ a) L'équivalent de la semaine du blanc dans mon hypermarché, mais pour les produits de la mer
- ☐ b) C'est une fête religieuse de l'Égypte antique pour célébrer le dieu Aménorrhée.
- ☐ c) Il s'agit d'une manière de dater la grossesse depuis le premier jour des dernières règles.

2 Combien de temps dure une grossesse (en semaines de grossesse) ?

- ☐ a) J'ai droit à la calculette ?
- ☐ b) 58 semaines selon le calendrier toltèque de Maya l'Abeille
- ☐ c) 38 semaines

3 Où se trouve le placenta ?

- ☐ a) Dans l'armoire à pharmacie, derrière le paracétamol
- ☐ b) Au sud de Cherbourg
- ☐ c) Collé à l'endomètre, dans l'utérus

4 La toxoplasmose, c'est :

- ☐ a) Un TOC
- ☐ b) L'art d'embaumer les dinosaures
- ☐ c) Une maladie infectieuse due à un parasite

5 Le liquide amniotique, ça sert à :

- ☐ a) Nettoyer la vaisselle délicate
- ☐ b) Conserver des échantillons de fossiles
- ☐ c) Protéger le fœtus et favoriser son développement

6 Qu'est-ce que le périnée ?

- ☐ a) Le mari de la pergola
- ☐ b) Une époque géologique, après le cambrien, au fond du couloir à gauche
- ☐ c) Un muscle sur la paroi inférieure du pelvis

Réponses :

- ***Vous avez une majorité de a :***
  Maintenant, essayez de répondre en gardant les yeux ouverts pour lire les différentes propositions.
- ***Vous avez une majorité de b :***
  Vous regardez trop la chaîne Histoire.
- ***Vous avez une majorité de c :***
  Fayote !

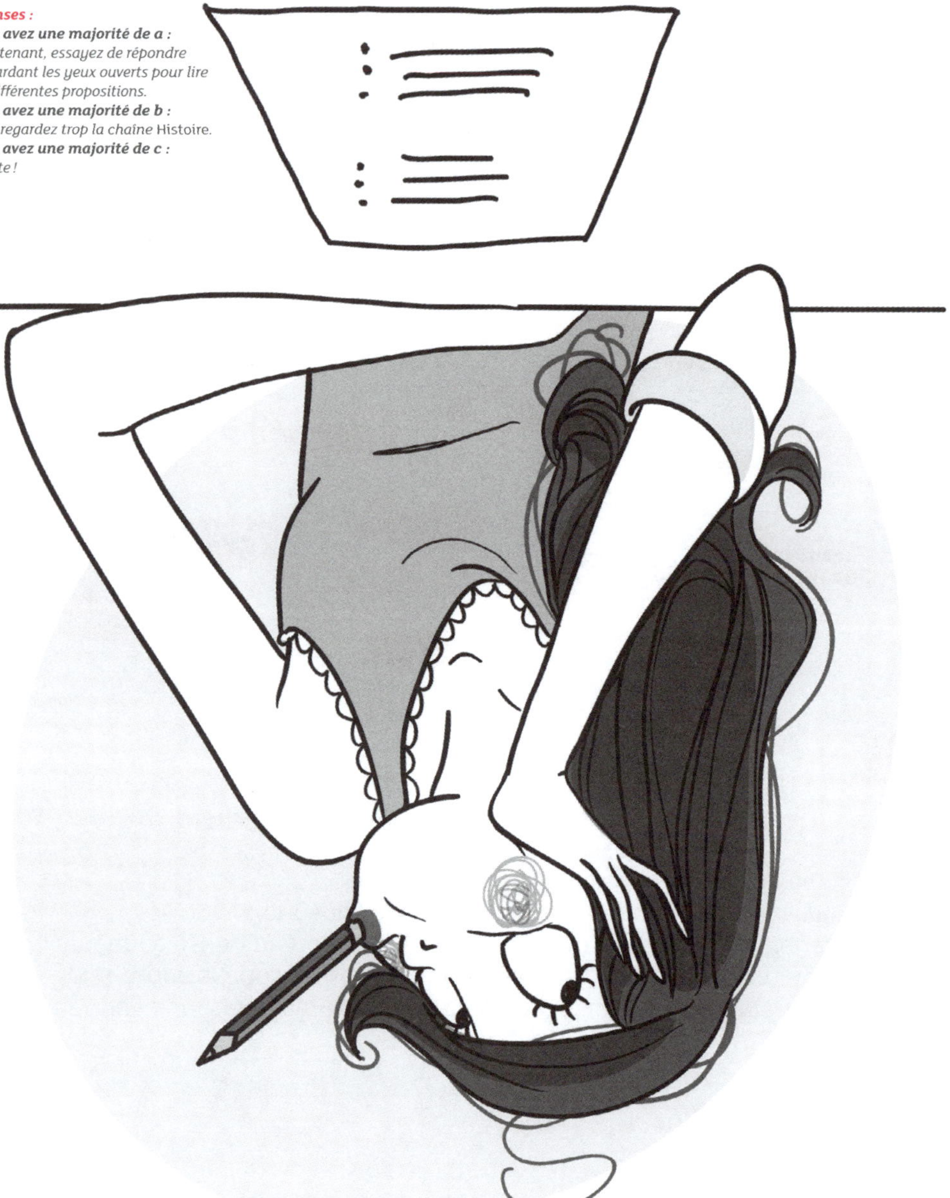

On va l'appeler...

Ça ne vous aura certainement pas échappé, fini le bon vieux prénom prêt-à-porter consensuel et naphtaliné. Les people l'ont compris, la tendance est au prénom composé, sur mesure et à usage unique. Pour vous aider à créer celui qui ornera l'état civil de votre chérubin, voici quelques pistes...

Composez le prénom de star de votre enfant en associant plusieurs mots proposés ci-dessous :

Pastasolo
Bleue
Libellule
Colchique
Mordorée
Ikea
Clochette
Harmonie
Songe
Merveilleux
Chapirou
LaTong
Rutilant
Clafoutis
Siphon
Pluie
Clochemerle
Ouarzazate
Mirabelle
CocoLune
Praline
D'Été
Ronfledur
Salami

Manontroppo

Rouge

Croustibat

Mouletafrite

Polisson

Majestueux (se)

Givrée

Patate

Pastrami

Laplouf

Soleil

D'Étoile

Perle

Céleste

Petite

Moustache

De rêve

Sorbet

Ciboulette

D'Automne

Mangetralala

Safran

Flamboyant

....

....

....

....

....

....

....

....

....

....

Quelques exemples :

Petite Patate Mordorée
Pluie d'Automne Givrée
Sorbet Polisson
Colchique Céleste
Songe Merveilleux
Perle de Rêve Rutilant
Libellule Majestueuse
Harmonie Ikea
Flamboyant Soleil d'Été
Clochette Ouarzazate
Mirabelle CocoLune
Siphon Clochemerle
Clafoutis Patate
LaTong Chapirou
Moustache Mangetralala
Ciboulette Ronfledur
Praline Safran Rouge
Pastasolo Manontroppo
Salami d'Étoile
Pastrami Laplouf
Croustibat Moultafrite

Le trousseau

C'est pas tout de gonfler du ventre à vue d'œil, il est temps de préparer le trousseau de Bébé et votre valise pour la maternité. **Vous n'imaginiez tout de même pas que ça allait se faire tout seul ?**

Retrouvez dans la grille ci-contre les mots de cette liste.

- BAVOIRS
- BODIES
- BONNET
- BRASSIÈRES
- BROSSE
- BRUMISATEUR
- CHAUSSETTES
- CHAUSSONS
- COMPRESSES
- COUCHES
- COTON
- CULOTTES
- CRÈME
- DENTIFRICE
- DOUDOU
- GIGOTEUSE
- GRENOUILLÈRES
- JOURNAUX
- LAIT
- LINGETTES
- MOUCHOIRS
- PAPIER
- SERVIETTES
- SHAMPOOING
- STYLO

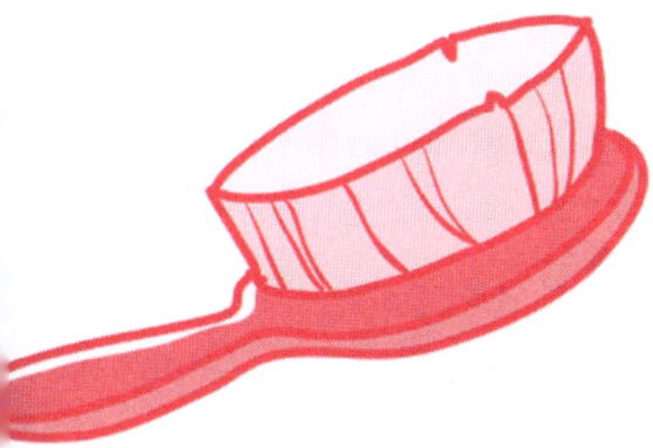

S	H	A	M	P	O	O	I	N	G	X	O	B	A	T	K	I	R	O	G
T	U	L	A	W	M	F	Q	U	I	N	S	F	C	H	I	F	O	I	R
L	U	B	A	V	O	I	R	S	N	L	I	N	G	E	T	T	E	S	E
V	J	O	U	R	N	A	U	X	N	U	A	D	O	R	A	S	S	U	N
I	A	N	G	E	B	A	Z	N	E	U	R	D	A	I	C	H	U	L	O
P	O	N	T	O	R	J	M	O	U	C	H	O	I	R	S	K	I	S	U
A	G	E	B	O	D	I	E	S	T	U	E	U	I	S	T	I	S	S	I
L	E	T	R	E	M	I	N	T	F	U	I	D	R	E	S	S	E	U	L
C	H	A	U	S	S	E	T	T	E	S	P	O	B	R	O	S	S	E	L
R	A	I	M	C	H	T	R	E	S	V	O	U	R	V	E	Z	E	N	E
E	T	T	I	O	F	R	A	G	B	R	A	S	S	I	E	R	E	S	R
M	I	R	S	M	P	A	P	I	E	R	O	Q	U	E	T	T	E	G	E
E	L	L	A	P	R	U	C	H	O	G	I	G	O	T	E	U	S	E	S
Q	U	A	T	R	E	J	U	L	E	U	M	E	N	T	R	I	X	E	C
N	I	R	E	E	F	C	L	B	R	I	L	L	I	E	U	S	O	R	W
S	O	R	U	S	I	D	O	R	M	C	H	A	U	S	S	O	N	S	E
T	E	N	R	S	I	A	T	U	M	E	L	I	K	R	E	Q	U	E	S
Y	V	I	N	E	C	O	T	O	N	D	E	T	E	L	L	I	G	R	E
L	A	N	E	S	I	B	E	N	D	E	N	T	I	F	R	I	C	E	R
O	C	O	U	C	H	E	S	J	O	U	N	T	E	S	S	E	I	O	N

Solutions page 64

Histoire d'eaux

Après 9 mois de dilatation constante, vous abordez enfin la dernière étape de votre parcours gestationnel, armée de joyeuse expectative, la vessie pleine et les pieds copieusement enflés. Allez, vous y êtes presque, il est temps de perdre les eaux.

Cette future maman a perdu les eaux, aidez-la à les retrouver.

Indices :

1 - Juste avant de perdre les eaux, la jeune femme se trouvait entre la chambre 1 et le salon.

2 - Depuis 50 minutes, les WC sont fermés de l'intérieur pour cause de conjoint en pleine séance de lecture.

3 - Personne n'a pénétré dans la buanderie depuis octobre 1932.

4 - L'incident s'est produit à l'heure du petit creux de minuit trente, à proximité d'une tranche de rôti.

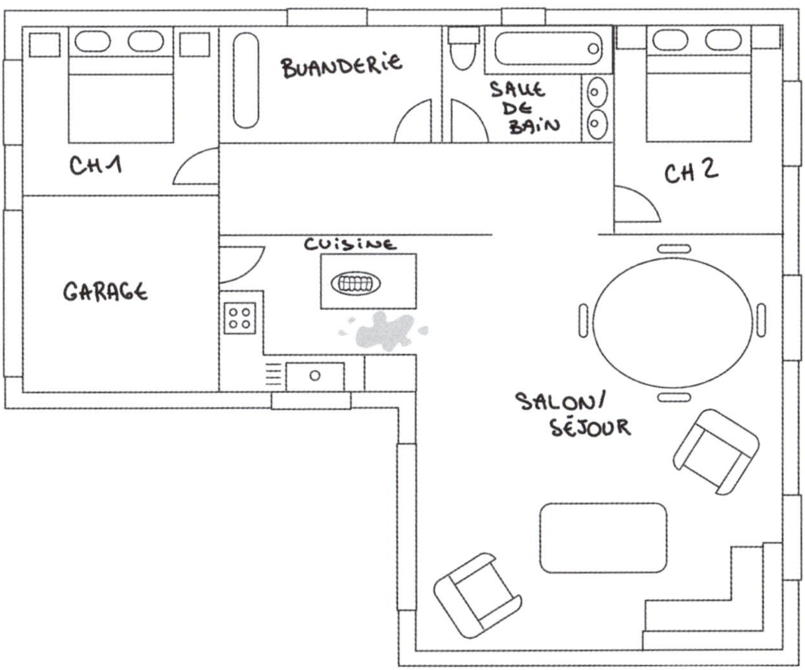

Réponse :
Vous avez retrouvé les eaux dans la cuisine, devant le frigo, à proximité de la dépouille d'une tranche de rôti. Bravo ! Vous avez gagné ! Maintenant, rendez-les à sa propriétaire qui les cherche partout, vous serez gentille, merci.

Rambo à côté,

OK, Chuck Norris arrête un Boeing en plein vol avec un coup de boule et il a même pas mal. Superman, il sauve l'humanité tous les jours entre 18 h et 19 h 30 et son brushing reste intact.
Mais le jour de votre accouchement, le vrai héros, c'est vous !

Ceci est le roman de votre accouchement, à vous de le raconter :

c'est une fillette

Bouzibouzibouzi !

Maintenant que cette petite merveille d'ingénierie anatomique est là, vous pouvez enfin vous extasier à loisir sur la perfection des petits petons, l'absolue douceur de l'épiderme fessier, l'extrême délicatesse des traits (hérités de maman, bien entendu, c'est vous qui avez fait ce bébé après tout, c'est normal qu'il soit parfait)...

Pour vous aider à aborder l'exercice avec toute l'objectivité qui caractérise une jeune mère en pleine crise de béatitude post-partum, voici un quiz :

1 Qui c'est le plus beau ?

- ☐ a) Mon bébéééééééé !
- ☐ b) Brad Pitt
- ☐ c) On a droit à la calculette pour répondre ?

2 Qui c'est le plus magnifique ?

- ☐ a) Mon bébéééééééé !
- ☐ b) George Clooney (quand il n'est pas marié)
- ☐ c) On peut demander l'aide du public ?

3 Qui c'est le plus sage ?

- ☐ a) Mon bébéééééééé !
- ☐ b) La mère de Brad Pitt
- ☐ c) J'ai pas révisé cette leçon-là.

4 Qui c'est le petit trésor à sa môman ?

- ☐ a) Mon bébéééééééé !
- ☐ b) Hugh Jackman
- ☐ c) Je peux piocher une autre question ?

Sortez les ciseaux et la colle des jours de fête, il est temps d'exposer votre tout dernier chef-d'œuvre !

RÉPONSES :

- ***Vous avez une majorité de a :*** Bravo ! Vous obtenez votre master de maman gaga avec mention crâneuse !
- ***Vous avez une majorité de b :*** *C'est bien, la maternité ne vous a pas fait perdre votre esprit de midinette post-Biactol !*
- ***Vous avez une majorité de c :*** *Vous avez des problèmes de concentration. Dormez !*

LEÇON DE VOCABULAIRE N°1

Je sais, je sais, vous n'avez pas dormi depuis au moins... pfffuiit... la naissance de Bébé, tiens, comme par hasard... et vos connexions synaptiques ne sont plus en mesure de fonctionner au-delà du mode "Rrrrrzzzzzz-roooonfl" ! Toutefois, vous vous devez de vérifier que vous maîtrisez un minimum de vocabulaire technique afin d'être en mesure de préserver la survie de votre espèce au-delà de l'heure de la sieste.

Cochez la bonne réponse :

1 Qu'est-ce que le liniment oléo-calcaire ?

- ☐ a) Une méthode de datation stratigraphique
- ☐ b) Un mélange d'huile d'olive et d'eau de chaux, que j'utilise pour nettoyer les fésses de mon bébé
- ☐ c) Une maladie contagieuse
- ☐ d) Le nom scientifique du linoléum

2 Qu'est-ce que le méconium ?

- ☐ a) Le truc vert des centrales nucléaires qui fait pousser 6 bras dans le dos
- ☐ b) Le premier caca de mon bébé
- ☐ c) Une maladie contagieuse
- ☐ d) Une insulte en latin

3 Qu'est-ce qu'une turbulette ?

- ☐ a) Une pratique sexuelle que la décence m'empêche de décrire
- ☐ b) Un sac de couchage pour bébé avec des trous pour les bras
- ☐ c) Une maladie contagieuse
- ☐ d) Une Mobylette équipée d'un turbo

4 Qu'est-ce qu'un érythème ?

- ☐ a) Une proposition mathématique élaborée par Pythagore
- ☐ b) Une irritation de la peau qui se manifeste par des rougeurs
- ☐ c) Une maladie contagieuse
- ☐ d) Un lutin très méchant

5 Qu'est-ce qu'un tire-lait ?

- ☐ a) Une méthode d'extraction et de raffinage utilisée dans l'industrie fromagère
- ☐ b) Un appareil aspirant le lait du sein
- ☐ c) Une maladie contagieuse
- ☐ d) Le mari de la tirelire

6 Qu'est-ce qu'une brassière ?

- ☐ a) La femme du brasseur
- ☐ b) Un vêtement de bébé de type gilet
- ☐ c) Une maladie contagieuse
- ☐ d) Des chaussettes pour les bras

Réponses :

- **Vous avez une majorité de a :** *Orientez-vous vers une carrière scientifique, mais évitez de faire des bébés.*
- **Vous avez une majorité de b :** *C'est pas normal, vous avez triché. Bon, c'est d'accord, vous pouvez faire des bébés, mais on vous a à l'œil.*
- **Vous avez une majorité de c :** *Ne faites pas médecine et évitez de faire des bébés.*
- **Vous avez une majorité de d :** *Vous avez beaucoup d'imagination, mais, vous aussi, évitez de faire des bébés.*

Quiz zzz zzzz

Bien, maintenant, que vous avez eu tout le loisir de faire connaissance avec votre trésor, prenez 5 minutes pour faire le point sur vous et votre nouveau statut de mère, pour évaluer à la louche votre nombre d'heures de sommeil cumulées ces dernières semaines et pour fixer votre priorité du moment.

ZZZZZZZZ...

Vous avez les poches sous les yeux qui taquinent dangereusement vos genoux...
Vous avez le sentiment que, la dernière fois que vous avez fait une nuit de sommeil complète, le général de Gaulle devait encore être président...
Votre oreiller est la star de vos fantasmes les plus fous.

RÉBUS

Devinez de quoi vous avez besoin
(reportez la réponse dans les cases correspondantes) :

1 Première note de musique

2 18e lettre de l'alphabet

3 Station spatiale russe

1 2 3

Solution page 64

Restez vigilante !

Il mange toutes les deux minutes. Il se réveille dès que vous vous endormez. Il réclame son doudou. Il veut sa maman. Il ordonne qu'on le change. Il somme qu'on le berce. Bref, il exige de vous une attention constante et bienveillante de tous les instants.

Afin de vous aider à rester vigilante et l'esprit en éveil, voici un petit exercice à réaliser entre la tétée de 2 heures et celle de 5 heures du mat'.

Trouvez l'intrus !

Réponse :
Ne faites pas la maligne, on vous a vue. Vous vous êtes endormie !

LEÇON DE VOCABULAIRE N°2

Certes, après quelques semaines d'entraînement intensif, vous maniez mouche-bébé et thermomètre avec l'expertise d'un mercenaire pédiatrique aguerri aux subtilités tactiques des campagnes sanitaires délicates.

Mais êtes-vous suffisamment briefée sur le langage des autochtones ?

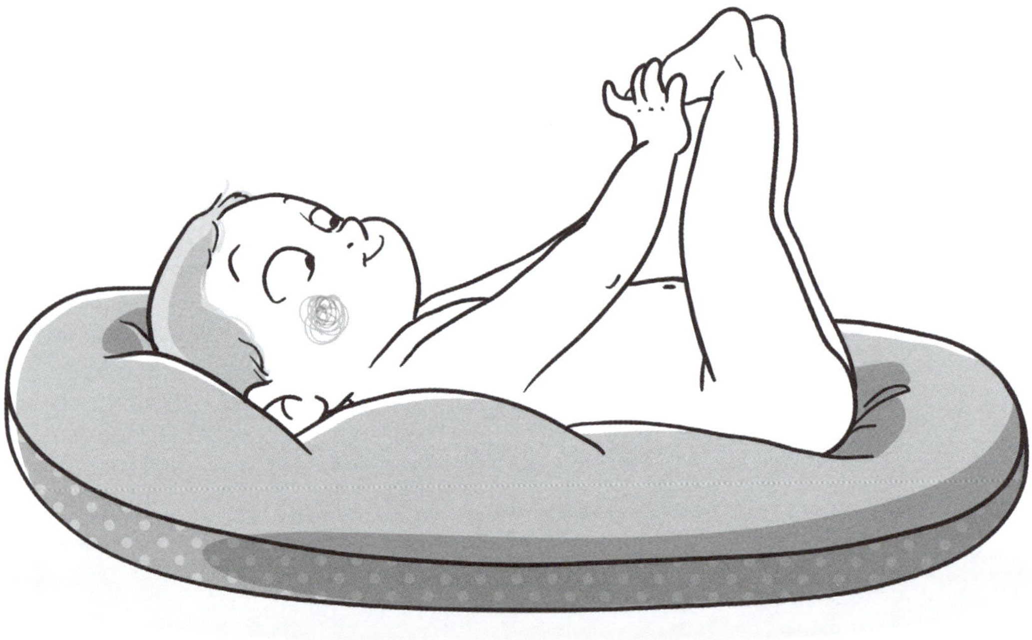

Reliez chaque terme à la zone d'intervention correspondante :

- Le bidoudoux
- Les nyeuneux
- La boubouche
- Le bribril
- Les petitspetonsmeugnons
- Les zoliréreilles
- Les mimines
- Les féfesses
- Le pitinez

Réponse : *En raison d'une grève du personnel qui rédige les réponses à l'envers, nous ne sommes pas en mesure de vous donner les réponses à l'envers (ni à l'endroit d'ailleurs, dans la mesure où le personnel qui écrit à l'endroit n'écrit que les questions. Chacun son boulot).*

Fais dodo

L'expérience aidant, vous avez fini par réaliser une chose fondamentale dans la grande aventure du darwinisme maternel : votre survie et votre bonne santé physique dépendent grandement du sommeil de votre rejeton. En gros, c'est très simple : il dort, vous dormez. Il ne dort pas, vous non plus. Alors, il n'y a plus une seconde à perdre, formez-vous aux techniques de la berceuse-commando et vous pourrez enfin jouir de bonnes nuits de sommeil réparatrices.

Reconstituez ces berceuses en entourant à chaque fois la bonne proposition.

	dodo		pépère
Fais	popo	, Colas, mon petit	coléoptère
	chaud		frère

	sirop
Fais dodo, t'auras du	poil au dos
	lolo

Maman est en haut

	javelot
Qui fait du	vélo
	gâteau

Papa est en bas

	pâté de chat
Qui fait du	chachacha
	chocolat

Au clair de la lune / dune / fontaine

Mon ami Pinocchio / Rambo / Pierrot

Prête-moi ta thune / caisse / plume

Pour écrire un mot / SMS / slam

Ma mémé / console / chandelle est morte,

Je n´ai plus de jambon / poux / feu

Ouvre-moi ta porte / grotte / tirelire

Pour l´amour de Brad Pitt / George Clooney / Dieu

Plomberie mathématique

Très rapidement, vous réalisez que votre rejeton dispose d'étonnantes capacités de digestion délivrant de fulgurants étrons supersoniques, avant même que la dernière goutte de lait n'ait eu le temps d'atteindre l'œsophage. Afin d'apprendre à anticiper et à planifier au mieux les séances de change, voici un exercice de plomberie mathématique que vous serez bien aimable de réaliser sans l'aide d'un compas ou d'une calculatrice.
Vous avez 2 heures.

LE SYSTÈME DIGESTIF DU BÉBÉ

SCHÉMA ANATOMIQUE

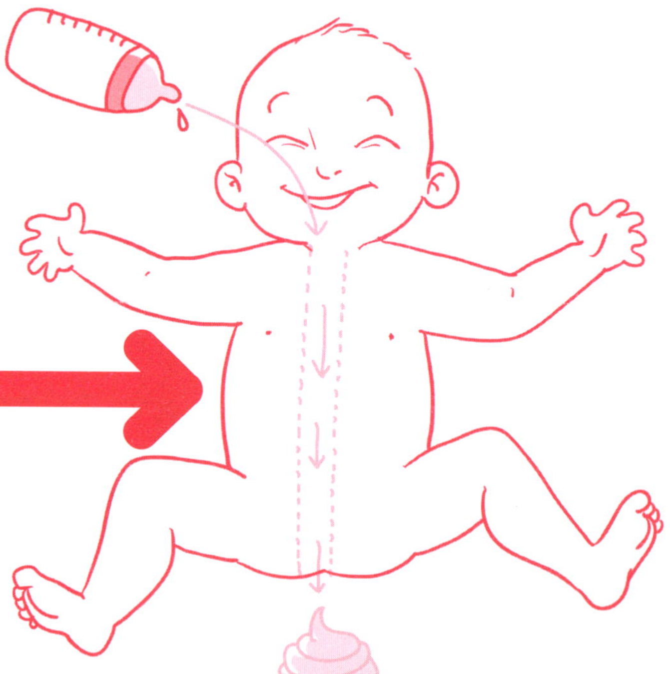

PROBLÈME

Sachant que :

1 - Bébé-Bouffegoulu a 3 mois et pèse le tiers du poids moyen d'un lama nain du Pérou septentrional ;

2 - Bébé-Bouffegoulu ingère quotidiennement environ l'équivalent de 60 % de la production laitière annuelle d'une coopérative agricole ;

3 - Le temps de vidange gastrique chez le nourrisson est inversement proportionnel à l'âge du capitaine ;

4 - 100 ml de lait mettent environ 6 heures à parcourir la distance Paris-Tachkent par avion postal aux heures de pointe ;

5 - La dernière tétée de Bébé-Bouffegoulu remonte à 11 h 45, heure locale du périph' sud de Tokyo ;

6 - Le satané robinet de ma salle de bain fuit à raison d'une goutte par seconde les jours impairs ;

7 - Ma mémé s'appelle Hortense.

A - Calculez l'heure du prochain popo de Bébé-Bouffegoulu.

B - Estimez (à 14 kg près) le poids de la couche après évacuation.

C - Calculez l'âge de ma mémé Hortense.

Réponse :

En raison d'un mouvement de protestation du rédacteur de réponses à l'envers, s'estimant trop nul en maths pour être en mesure de proposer une solution fiable et argumentée à l'exercice, nous vous prions de vous débrouiller toute seule.

J'ai poney

Vous avez changé les 50 dernières couches de ces 24 dernières heures et votre système olfactif crie grâce.
Voici une liste d'excuses (plus ou moins notablement bidon) pour laisser la corvée au papa.

- Je peux pas, je suis allergique au caca, j'ai peur de faire un œdème de Quincke.
- Je peux pas, je viens de faire ma manucure. C'est bien connu, le caca de bébé est un puissant dissolvant.
- Je peux pas, c'est jour férié.
- Je peux pas, je suis en pleine digestion.
- Je peux pas, j'ai juré à mon pépé Anselme sur son lit de mort que je ne changerai pas de couche les jours en « di ».
- Je peux pas, il faut que je passe l'aspirateur dans le bac à sable.
- Je peux pas, j'ai les pieds plats, c'est peut-être contagieux.
- Je peux pas, ça rend le chat jaloux.
- Je peux pas, ma combinaison antiradiation est trouée.

- Je peux pas, j'ai les mains trop froides.
- Non, vas-y toi. Je ne voudrais pas te priver de ce moment privilégié de proximité filiale.
- Je peux pas, mon cours de castagnettes par correspondance commence dans 5 minutes.
- Je peux pas, c'est indécent.
- Je peux pas, j'aimerais bien, mais j'ai pas envie.

Et maintenant que vous avez saisi le concept, à vous de compléter :

- ....
- ....
- ....
- ....
- ....

LEÇON DE VOCABULAIRE N°3

On sent bien que, peu à peu, à mesure que vous prenez vos marques de maman, votre culture puéricult~~rice~~... ~~tive~~... ~~teuse~~... (oui, bon, on va dire vos connaissances en matière de bébé et de tout ce qui tourne autour...) fait des pas de géant vers les sommets de la connaissance universelle. **Il est donc temps de faire un nouveau point « culture gé » afin d'évaluer vos progrès en la matière.**

Cochez la bonne réponse :

1 Qu'est-ce que le colostrum ?

- ☐ a) Un amphithéâtre romain
- ☐ b) Un liquide produit par les glandes mammaires
- ☐ c) Un petit mammifère marin
- ☐ d) Le terme latin pour une coloscopie

2 Qu'est-ce qu'un Babyphone ?

- ☐ a) Une cabine téléphonique babylonienne
- ☐ b) Un appareil qui permet d'écouter Bébé à distance
- ☐ c) Un petit mammifère marin
- ☐ d) Le bébé de l'iPhone

3 Qu'est-ce que le milium ?

- ☐ a) Une unité de mesure en latin
- ☐ b) Une affection cutanée fréquente chez le nourrisson
- ☐ c) Un petit mammifère marin
- ☐ d) Le tome 2 de *Millénium*

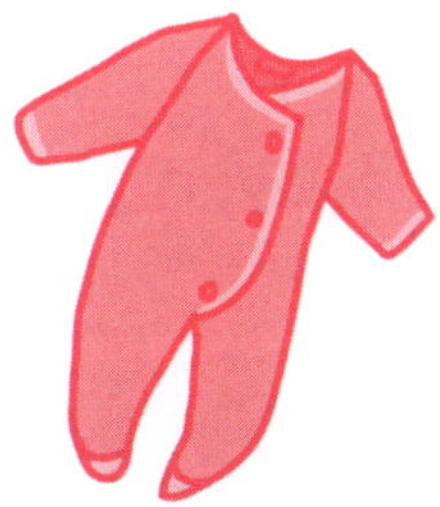

4 Qu'est-ce que le RGO ?

☐ a) Le nom d'une garnison romaine
☐ b) Le reflux gastro-œsophagien
☐ c) Un petit mammifère marin
☐ d) Un club de foot

5 Qu'est-ce qu'un trotteur ?

☐ a) Le mari de la trotteuse
☐ b) Un jouet permettant à bébé de se déplacer sur ses deux jambes
☐ c) Un petit mammifère marin
☐ d) Le concurrent de Twitter

6 Qu'est-ce qu'une grenouillère ?

☐ a) Une éleveuse de grenouilles
☐ b) Un pyjama pour bébé
☐ c) Un petit mammifère marin
☐ d) Un nid de grenouilles souterrain

Réponses :

- **Vous avez une majorité de a** : Raté !
- **Vous avez une majorité de b** : Avouez, vous aviez des antisèches planquées sous la table ?
- **Vous avez une majorité de c** : Vous ne seriez pas un peu monomaniaque ?
- **Vous avez une majorité de d** : Raté aussi !

Partir un jooooouuur

Inconsciente que vous êtes ! Vous avez décidé d'emmener Bébé pour une balade de 500 m jusqu'à La Poste, histoire d'envoyer un courrier urgent.
Saviez-vous que le moindre déplacement avec un bébé nécessite un équipement digne d'une expédition de 6 mois vers le col nord de l'Everest ?
Voyons si vous avez pensé à tout avant de partir.

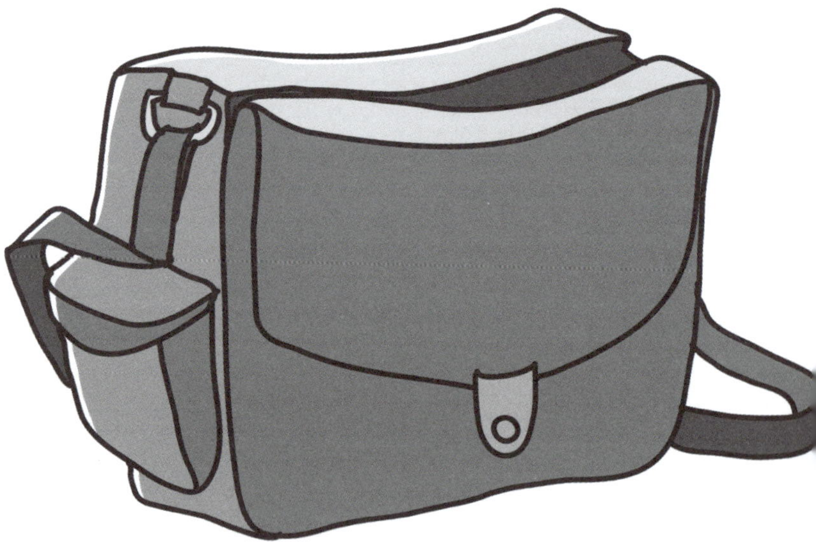

Reliez au sac à langer les fournitures indispensables à emporter pour votre petite expédition avec Bébé.

Divination petit

Vous l'aurez certainement remarqué, le bébé ne fait aucun effort pour s'exprimer en bon français clair et accessible.
L'enchaînement sujet-verbe-complément lui est totalement étranger.
Il préfère crier ou pleurer pour évoquer un éventuel inconfort ou un accident de couche.
À vous, donc, de vous débrouiller pour décoder la sémantique du braillé nocturne ou du cri diurne.

patapon

Parmi ces propositions, selon vous, laquelle traduit le mieux ce que cherche à exprimer ce bébé ?

☐ **a** - « Flûte, maman, je réalise à l'instant l'insipidité des conditions de vie de mon doudou, dont l'existence étriquée se limite à me servir de bavoir. Un profond sentiment de commisération m'étreint. »

☐ **b** - « Zut ! J'ai encore raté *Des Chiffres et des Lettres* à cause de la sieste. »

☐ **c** - « C'est un scandale ! Je viens de me faire bécoter pendant un quart d'heure par une vieille bique à moustache prénommée Mémé. »

☐ **d** - « Bordel ! J'ai fait caca. Vous avez l'intention de me changer avant que le contenu de ma couche ne se fossilise ? »

Réponse :
Est-ce bien nécessaire ?

Precious doudou

Bonnie avait son Clyde, Tintin son Milou, Robert Bidochon sa Raymonde, Antoine sa Cléopâtre... Et maintenant, Bébé a son doudou.
Sachez-le, l'objet transitionnel est à votre nourrisson ce que le sous-pull Damart est aux longs hivers rigoureux de ma mémé Hortense : un élément vital de confort dont il est hors de question de faire l'économie.
Il est donc important qu'en toutes circonstances, vous ne vous en sépariez jamais et que vous soyez en mesure de le reconnaître les yeux fermés.

Saurez-vous trouver l'ombre du bon doudou parmi ces 6 propositions ?

1

2

3

4

5

6

Solution page 64

Le jeu des différences

Aujourd'hui, il fait froid,
Papa a habillé Loulou pour sortir.

Combien trouverez-vous de différences entre ces deux dessins ?

Aujourd'hui, il fait froid,
Maman a habillé Loulou pour sortir.

Réponse :

- **2 différences** : *Prenez rendez-vous chez l'ophtalmo !*
- **371 différences** : *Raté ! Il en manque une !*
- **373 différences** : *Tss-tss ! Vous êtes nulle en maths...*

Quenottes story

Vous vous en doutez bien, Bébé ne va pas téter éternellement. C'est la raison pour laquelle, très vite, il décide de s'équiper de dents, histoire de goûter, lui aussi, aux joies de la gastronomie et des coquillettes jambon-beurre.
Cela dit, avant que l'équipement ne soit complet, Bébé subit les phases de pousse dentaire avec une cohorte d'effets secondaires parfois inconfortables : torrents de bave, déluge de morve, irritabilité, nervosité, troubles digestifs, erythème fessier, etc.
Alors, afin de savoir quand prendra fin son chemin de croix dentaire (et le vôtre par extension), voici un petit journal de bord bien utile.

Reportez sur la ligne correspondante, pour chaque dent, la date de sa première apparition.

1 ....

2 ....

3 ....

4 ....

5 ....

6 ....

7 ....

8 ....

9 ....

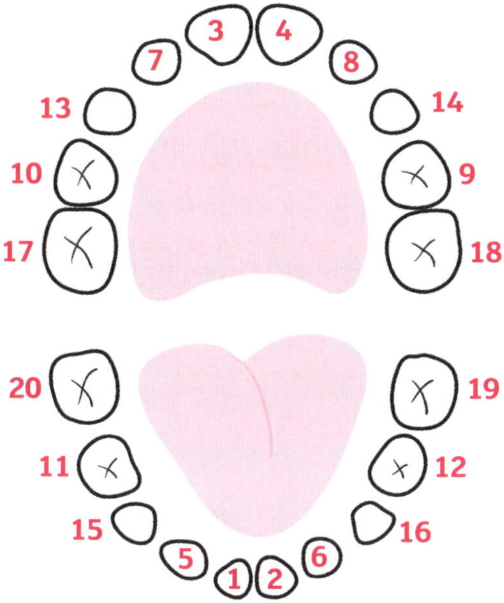

Mâchoire supérieure

Mâchoire inférieure

10 ....

11 ....

12 ....

13 ....

14 ....

15 ....

16 ....

17 ....

18 ....

19 ....

20 ....

Diversification

Figurez-vous que le lait, ça va 5 minutes. Mais, très vite, il va falloir attaquer les choses sérieuses et éveiller Junior aux joies de la gastronomie et des saveurs purée-compotifères de type pomme-banane-carotte-topinambour. Attention toutefois, ce n'est pas parce que Bébé arbore des gencives vaguement plantées d'une ou deux quenottes par-ci par-là qu'il va pouvoir d'emblée s'attaquer au steak d'autruche, sauce au poivre.

Quels sont les aliments que vous pouvez utiliser pour préparer la purée de Junior ? Reliez les aliments à la casserole.

LANGUE
DE CASTOR

CAROTTES

POISSON

STEAK
DE PHOQUE

POMMES
DE TERRE

RILLETTES

HARICOTS
VERTS

COURGE

PIMENT
ROUGE

RIZ

JAMBON

SAUCISSON

COURGETTES

RUMSTEAK
DE POULPE

CHIPS

DENTIFRICE

POP-CORN

QUEUE
D'ORIGNAL

Saucissonnages

Armée d'environ 10 km de tissus équitable et des illusions naïves d'une autodidacte ambitieuse, vous vous lancez le défi de saucissonner confortablement votre rejeton dans une écharpe de portage en 5 minutes chrono.
Au bout de 45 minutes d'efforts désespérés, vous avez tout juste réussi à vous ligoter comme un gigot dans du cellophane et vous réévaluez vos ambitions à la baisse, en filant vous inscrire à un atelier de portage.

Cette maman s'est empêtrée dans son écharpe de portage. Aidez-la à en sortir en tirant sur le bon bout.

Un bébé s'est caché dans ce dessin.
Saurez-vous le retrouver ?

Tétine, sweet tétine

Il est 3 heures du mat', vous dormez avec la béatitude de celle qui n'a pas fermé l'œil depuis la dernière campagne électorale de Georges Pompidou, lorsque soudain… un cri déchire la nuit.

Junior a perdu sa tétine et il souhaite que vous le sachiez.

L'expérience aidant, vous êtes consciente qu'il ne sert à rien de feindre une naïve ignorance. Les hululements de protestation iront crescendo, jusqu'à ce que vous vous décidiez à intervenir pour préserver quelques miettes de sommeil avant que le réveil ne sonne à son tour.

Aidez Junior à retrouver sa tétine.

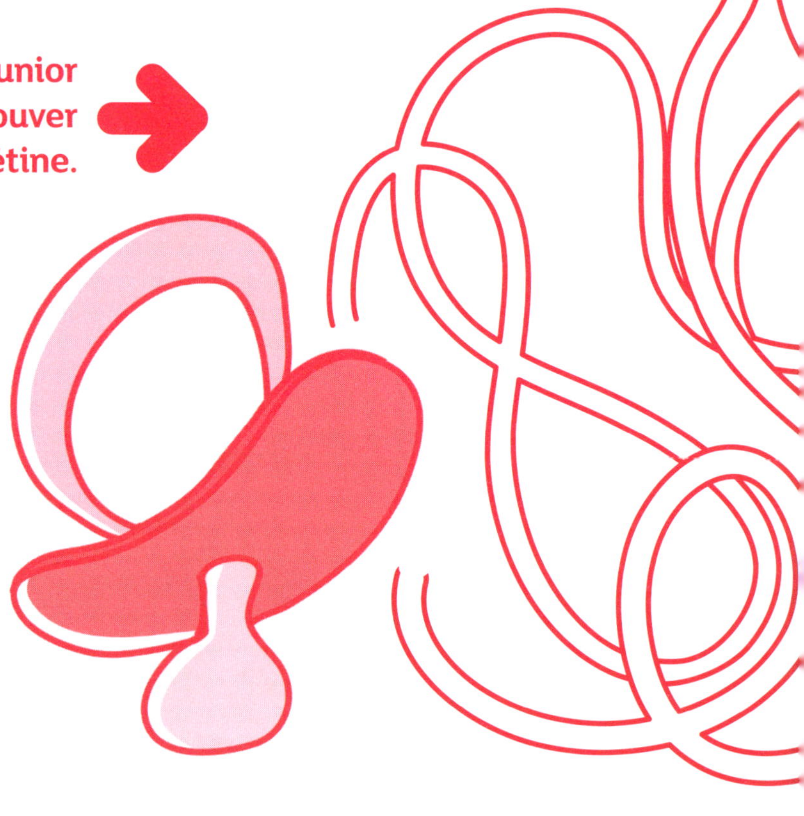

* Traduction littéraire : « J'exige la mise en place d'une commission d'enquête parlementaire sur la disparition de ma tétine et sa restitution immédiate, avec indemnités de câlins à la clé ! »

J'ai rien à me

Une nuit trop courte, la fatigue aidant et pan ! C'est l'accident d'habillage. Bébé se retrouve avec la couche sur le body et le collant sur le pantalon. Avec un peu de rigueur et d'organisation, vous finirez par mettre en place une procédure automatisée d'habillage, un rituel bien codifié dans la superposition des couches textiles, qui vous permettra d'obtenir au final un bébé réglementairement vêtu, sans même avoir à garder les yeux ouverts pour le faire.

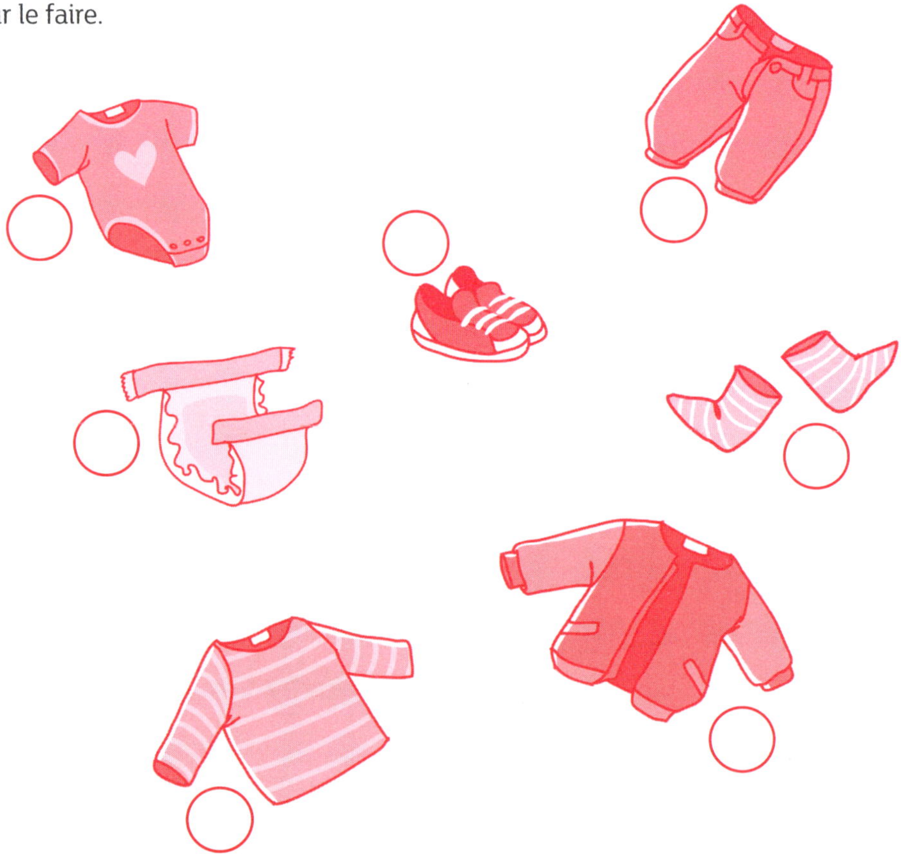

nettre

Habillez Bébé en lui mettant les vêtements dans le bon ordre. Numérotez dans les cercles de 1 (à mettre en premier) à 7 (à mettre en dernier).

Ru-ti-lant !

Un bébé, c'est fou ce que ça sécrète. Une mine d'indices pour les enquêteurs du NCIS. Par en haut, par en bas, indifféremment, ça suinte, ça jaillit, ça s'étale, ça s'écoule… Et, au milieu de tout ça, votre rôle : maintenir l'hygiène, combattre les bactéries, vaincre la saleté et triompher de la crasse. Et pour ça, il vous faut être incollable sur la technique du bain.

Voici quelques-unes des fournitures dont vous aurez besoin pour le rituel de décapage.

À L'HORIZONTALE

a - Le protagoniste principal. L'objet du décapage.

b - On s'en sert pour dompter l'épi récalcitrant.

c - On remplit la baignoire avec.

d - Pour nettoyer les cheveux, parce qu'il le vaut bien.

e - À tartiner sur les fesses irritées.

À LA VERTICALE

I - Le contenant dans lequel on fait couler l'eau et tremper Bébé.

II - Instrument utile pour mesurer la température de l'eau.

III - On l'asperge de sérum physiologique et on s'en sert pour nettoyer yeux, nez et oreilles.

IV - Produit de nettoyage / pain dermatologique.

Solutions page 64

Morue !

Êtes-vous une ~~MORUE~~ mère parfaite ?

Dans la vie, il y a deux sortes de mères : les parfaites et les normales. Reste à déterminer dans quel groupe vous vous situez.

Voici un petit quiz pour vous aider à y voir plus clair.

1 Bébé pleure. Depuis une heure, il est inconsolable.

- ☐ a) Mon bébé ne pleure jamais. À 12 mois, il parle déjà 6 langues, dont 2 langues mortes. S'il a quelque chose à exprimer, il le fait par la parole et non par les cris.
- ☐ b) C'est le drame, parce que j'ai oublié son doudou à la pharmacie.

2 Quand votre bébé a-t-il fait ses nuits ?

- ☐ a) Dès la maternité, car je lui ai appris à lire l'heure lorsqu'il était encore dans mon ventre. Il est précoce. Comme sa mère.
- ☐ b) Il aura 18 ans demain et il ne les fait pas encore.

3 Pour ou contre la tétine ?

- ☐ a) Absolument contre ! Il trouve très bien le sommeil et le calme en lisant les œuvres complètes de Platon et Descartes.
- ☐ b) Si ça peut me permettre de dormir 6 minutes par nuit, je ne suis pas contre.

4 Quand votre bébé a-t-il été propre ?

☐ a) Dès la sortie de la maternité. Je lui ai lu la collection complète et illustrée de *Petit Panda va au pot*. Il a tout de suite compris le concept. Il est précoce. Comme sa mère.

☐ b) Il aura 18 ans demain et il fait encore pipi sur la lunette des WC.

5 Votre bébé est-il souvent malade ?

☐ a) Jamais ! Il a des anticorps de champion.

☐ b) En moyenne, un(e) gastro/angine/otite/rhume/bronchite… toutes les 3 semaines en hiver.

6 Votre bébé aime-t-il les légumes ?

☐ a) Il adoooore ! Je lui prépare moi-même des purées à partir de légumes bio que je cultive dans mon potager.

☐ b) Sous la menace peut-être. Mais je n'ai jamais osé essayer.

7 Arrivez-vous à vous dégager du temps pour prendre soin de vous ?

☐ a) Mais oui. Pilates le lundi, institut le mardi, resto les mercredis et samedis soirs, théâtre le vendredi et piscine le dimanche. J'ai une nounou formidable.

☐ b) Oui, j'arrive à lire le programme TV avant de m'écrouler comme une souche, une fois que Bébé est couché.

Réponses :

- **Vous avez une majorité de a :** *Morue !*
- **Vous avez une majorité de b :** *ça fait combien de temps que vous ne vous êtes pas lavé les cheveux ? Mmmmmm ?*

Les premières fois

Parce qu'immanquablement, un jour, Junior vous demandera à quel âge il a commencé à marcher, quand il a eu sa première dent, à quel moment il a fait son premier sourire… À ce moment-là, votre disque dur interne aura pris la poussière et vous aurez peut-être un peu de mal à répondre. D'où l'importance de mettre en place un système d'archivage efficace. **Consignez ici les premières fois de Bébé.**

Le premier bain

....

....

....

....

....

Le premier sourire

....

....

....

....

....

La première dent

....

....

....

....

....

La première compote/purée

....

....

....

....

Le premier câlin

Le premier rire

Le premier mot

Le premier caprice

Le premier Papa/Maman

Mheukilémeu

Quand il dort, quand il bave, quand il gigote et quand il pète dans son bain, vous ne vous lassez pas de l'admirer. En toute objectivité, il vous semble évident que cet enfant est le plus beau que la planète n'ait jamais porté et il est important que tout le monde en prenne conscience une bonne fois pour toutes.

Voici votre Louvre maternel. Dans le cadre de l'exposition permanente *Mon bébé, mon chef-d'œuvre,* on vous laisse carte blanche pour accrocher votre précieuse collection de tableaux.

gnon !

Silence

Il vous aura fallu pas moins de 15 berceuses, 8 doudous, 746 bisous, 14 872 bercements et une tétine pour enfin envoyer Bébé dans les bras de Morphée. Alors, on comprend qu'une fois cette bataille gagnée de si haute lutte, vous escomptez bien en capitaliser les bénéfices au maximum. Oui, mais voilà, la victoire est fragile. Il suffit qu'un invité inopiné vienne à chatouiller la sonnette au mauvais moment et tout est à refaire. La clé de la réussite réside dans l'AN-TI-CI-PA-TION (et accessoirement la menace) ! Voici de quoi vous aider.

Voici un door-hanger
à accrocher
à la porte d'entrée
pendant la sieste
de Junior.
Armez-vous
de vos ciseaux
et découpez-le
en suivant
les pointillés.

Solutions

PAGE 13

S	H	A	M	P	O	O	I	N	G	X	O	B	A	T	K	I	R	O	G
T	U	L	A	W	M	F	Q	U	I	N	S	F	C	H	I	F	O	I	R
L	U	B	A	V	O	I	R	S	N	L	I	N	G	E	T	T	E	S	E
V	J	O	U	R	N	A	U	X	N	U	A	D	O	R	A	S	S	U	N
I	A	N	G	E	B	A	Z	N	E	U	R	D	A	I	C	H	U	L	O
P	O	N	T	O	R	J	M	O	U	C	H	O	I	R	S	K	I	S	U
A	G	E	B	O	D	I	E	S	T	U	E	U	I	S	T	I	S	S	I
L	E	T	R	E	M	I	N	T	F	U	I	D	R	E	S	S	E	U	L
C	H	A	U	S	S	E	T	T	E	S	P	O	B	R	O	S	S	E	L
R	A	I	M	C	H	T	R	E	S	V	O	U	R	V	E	Z	E	N	E
E	T	T	I	O	F	R	A	G	B	R	A	S	S	I	E	R	E	S	R
M	I	R	S	M	P	A	P	I	E	R	O	Q	U	E	T	T	E	G	E
E	L	L	A	P	R	U	C	H	O	G	I	G	O	T	E	U	S	E	S
Q	U	A	T	R	E	J	U	L	E	U	M	E	N	T	R	I	X	E	C
N	I	R	E	E	F	C	L	B	R	I	L	L	I	E	U	S	O	R	W
S	O	R	U	S	I	D	O	R	M	C	H	A	U	S	S	O	N	S	E
T	E	N	R	S	I	A	T	U	M	E	L	I	K	R	E	Q	U	E	S
Y	V	I	N	E	C	O	T	O	N	D	E	T	E	L	L	I	G	R	E
L	A	N	E	S	I	B	E	N	D	E	N	T	I	F	R	I	C	E	R
O	C	O	U	C	H	E	S	J	O	U	N	T	E	S	S	E	I	O	N

PAGE 23

DO-R-MIR !

PAGE 41

2

PAGE 55

a - bébé
b - brosse
c - eau
d - shampooing
e - crème

I - baignoire
II - thermomètre
III - coton
IV - savon